SOCIÉTÉ INTERNATIONALE

DES

ÉTUDES PRATIQUES D'ÉCONOMIE SOCIALE

(*Séance du* 19 *décembre* 1875.)



# EXPOSÉ DES BONS RAPPORTS

## QUI EXISTENT ENTRE LES PATRONS ET LES OUVRIERS

dans la Papeterie d'Annonay

et dans la Fabrique de chaux hydraulique du Teil

(ARDÈCHE)

**Par M. Jules MICHEL**

Ingénieur des ponts et chaussées à Lyon.

SOCIÉTÉ INTERNATIONALE

DES

# ÉTUDES PRATIQUES D'ÉCONOMIE SOCIALE

*(Séance du 19 décembre 1875.)*

---

**Présidence de M. FOCILLON**

L'un des Fondateurs de la Société

---

# EXPOSÉ DES BONS RAPPORTS

## QUI EXISTENT ENTRE LES PATRONS ET LES OUVRIERS

**dans la Papeterie d'Annonay**

**et dans la Fabrique de chaux hydraulique du Teil (Ardèche)**

Par M. Jules MICHEL
Ingénieur des ponts et chaussées à Lyon.

---

MESSIEURS,

Les études dont je vais avoir l'honneur de vous entretenir ont été inspirées par le rapport sur le nouvel ordre de récompenses, institué, lors de l'Exposition universelle de 1867, en faveur des établissements et des localités qui ont développé la bonne harmonie entre les personnes coopérant aux mêmes travaux, et qui ont assuré aux ouvriers le bien-être matériel, intellectuel et moral.

En comparant la condition actuelle des ouvriers à ce qu'elle était autrefois, en constatant que l'introduction rapide des machines à vapeur et le développement des chemins de fer sont en grande partie les causes de la crise au milieu de laquelle nous nous débattons, et des souffrances qui suscitent un si déplorable antagonisme entre le capital et le travail, il m'a semblé que la guérison commençait à sortir de cela même qui a causé le mal.

L'emploi des machines de plus en plus puissantes exige, en effet, une telle concentration des capitaux, que les fortunes individuelles n'y suffisent plus. — De là, l'organisation de sociétés anonymes, de grandes compagnies pour exploiter certaines branches d'industrie. Voilà un fait nouveau ; il convient d'en rechercher la portée et de savoir quelle est l'influence de la constitution de ces grandes compagnies sur les conditions d'existence des ouvriers. Telle a été la question que je me suis posée dans une première étude, où j'ai pris pour sujet d'observation la compagnie des chemins de fer Paris-Lyon-Méditerranée, et la Société des forges et mines du Creuzot.

Par ma position au service de la première, j'étais en possession de chiffres officiels permettant de me rendre un compte exact de ce qu'elle fait pour son personnel d'ouvriers.

D'autre part, un de mes amis, dont il me suffit de rappeler le nom dans cette enceinte pour indiquer la valeur des documents qu'il pouvait me fournir, M. Cheysson, voulut bien me renseigner sur ce qui se fait au Creuzot.

Je ne vous lirai pas les détails intéressants que j'ai pu relever dans cette sorte d'enquête, cela nous entraînerait trop loin : je me contenterai de dire que l'on constate facilement chez ces grandes sociétés l'obligation où elles sont d'éviter les chômages, afin d'utiliser leurs capitaux, ou de suffire aux charges qui leur sont imposées.

Elles sont forcément amenées à assurer à la plus grande partie de leurs ouvriers la permanence de leur situation, c'est-à-dire la sécurité de l'avenir, premier bienfait d'une bonne organisation sociale, comme vous savez.

D'autre part, j'ai reconnu aussi que ces compagnies font volontairement des sacrifices pécuniaires en faveur des ouvriers. Ce sont des caisses de secours, caisses de retraites, logements à prix réduits, ou subventions diverses à titre bienveillant, et la dépense s'élève à environ 5 0/0 du salaire, sans que celui-ci subisse aucune réduction, bien au contraire (1).

(1) Nous ne pouvons nous dispenser de citer, parmi les subventions accordées par la Compagnie du chemin de fer de Paris à Lyon et à la Méditer-

C'est là le second élément qui est signalé par les maîtres de la science sociale comme un des signes de la bonne organisation du travail.

Il semblerait, d'après cet exposé, que tout est parfait dans ces grandes industries; et cependant, il faut l'avouer, on rencontre souvent des mécontents dans leur personnel d'ouvriers ou d'employés. On entend parler quelquefois de grèves, ou tout au moins de menaces de grève. Qu'y manque-t-il donc?

Mon attention s'est alors portée sur d'autres grandes industries exploitées, à titre privé, par des familles de patrons soucieux de leurs devoirs.

Là encore, il y a concentration de capitaux, agglomération d'ouvriers nombreux, et cependant l'étude révèle dans des usines comme celles d'Annonay et du Teil, tous les signes de la paix sociale. La différence, on le reconnaît facilement, provient à peu près uniquement de l'influence personnelle du patron, véritable condition de l'amélioration morale des ouvriers.

Il ne suffit pas, en effet, de leur assurer la jouissance d'un certain bien-être matériel par les stipulations d'un règlement plus ou moins bienveillant; il faut quelque chose de plus. Et cela ne doit pas vous étonner, si vous songez à la nature de l'homme. *Il ne vit pas seulement de pain,* dit l'Évangile.

---

ranée, une mesure d'un caractère particulier, qu'on ne saurait trop louer, et dont nous serions heureux de connaitre d'autres exemples en France.

Dans les années de cherté exceptionnelle des denrées alimentaires, la Compagnie accorde au personnel, dont les appointements sont au-dessous de 1,500 francs, une subvention spéciale calculée sur le nombre des membres de la famille.

Cette subvention est de 5 francs par mois pour la femme et de 2 fr. 50 par enfant ou ascendant à la charge de l'ouvrier. Les célibataires n'y participent pas. Cette mesure éminemment morale impose ordinairement à la Compagnie une charge équivalente à 10 p. °/₀ des salaires. C'est une augmentation temporaire des salaires, augmentation répartie non pas proportionnellement à la rémunération du travail, mais proportionnellement aux charges du père de famille.

Cette disposition rappelle les subventions en blé distribuées par les administrateurs des mines du Harz et du Tyrol, usage loué avec raison par M. Le Play, comme un des mieux fondés sur l'intelligence des besoins des ouvriers, et comme une des garanties les plus certaines de leur bien-être.

Parole profonde, qui contient tout le secret de l'insuffisance des améliorations poursuivies en dehors de l'idée morale. L'homme n'est pas seulement un corps qu'il faut nourrir : c'est une âme qui veut être aimée, qui a besoin de se sentir réchauffée, si j'ose dire, au contact des autres âmes. Les institutions bienfaisantes, même appuyées sur de larges subventions en argent, mais appliquées machinalement, sont impuissantes pour répondre à ce besoin, tandis que le dévouement suffira à relever les âmes abattues, à ramener au désir du bien celles que l'envie ou la misère ont aigries.

Voilà le but véritable à atteindre. Pour y arriver, les améliorations matérielles sont seulement un moyen. Que les patrons, chefs d'usine, soient capables de dévouement, et la question ouvrière, comme on l'appelle quelquefois, sera bien près d'être résolue. Je vais, par deux exemples choisis dans le voisinage de la ville de Lyon, vous montrer comment elle peut l'être.

## I. — LA PAPETERIE DE VIDALON-LÈS-ANNONAY.

Quand on descend le Rhône au sud de Lyon, on aperçoit sur la rive droite, à moitié chemin entre Vienne et Valence, l'embouchure d'une petite rivière, alimentée par les eaux claires des ruisseaux qui descendent des versants granitiques du Mont-Pilat. Le volume régulier, la qualité spéciale de ces eaux ont depuis longtemps attiré dans cette vallée deux industries considérables ; les tanneries et les papeteries.

La ville d'Annonay, la patrie des Montgolfier et des Seguin, est bâtie à la rencontre de deux de ces cours d'eau, la Cance et la Deaume.

Il y a deux cents ans, la famille Montgolfier est venue s'y établir, et y a importé l'industrie de la fabrication du papier ; aujourd'hui, c'est encore un de ses descendants qui dirige la fabrique de Vidalon-lès-Annonay. Cette usine se trouve à 2 kilomètres d'une ville, voisinage toujours fâcheux pour les agglomérations d'ouvriers, et l'industrie d'Annonay est particulièrement dangereuse pour leur moralité ; car les mégisseries, qui occupent la plus grande partie de la population urbaine, sont soumises à des alternatives d'activité et de chômage. Des salaires élevés sont payés pendant la période d'activité, mais ils sont dépensés rapidement, et quand viennent les jours de chômage, les privations sont d'autant plus cruelles, que les ouvriers se sont créé plus de besoins.

Joignez à cela l'oisivité forcée pendant cette période ; car les régions environnantes, couvertes de bois et de pâturages, ne demandent pas le secours de bras nombreux pour la culture. Aussi n'est-on pas étonné que cette population se laisse facilement entraîner aux folles excitations des socialistes ou des radicaux.

Malgré ce redoutable voisinage, M. Laurent de Montgolfier a réussi à soustraire ses ouvriers à la détestable influence qui exerce ses ravages sur la population urbaine.

L'harmonie existe à Vidalon, entre eux et les patrons ; la moralité s'y maintient à un niveau élevé. Nous allons en donner tout de suite deux preuves convaincantes.

A Vidalon, les ouvriers viennent apporter leurs économies à leur patron, et lui donnent ainsi la marque de confiance la plus signalée pour qui connaît leur attitude ordinaire vis-à-vis des chefs d'industrie. Ces économies sont placées à la caisse d'épargne d'Annonay ou employées en achats d'obligations de chemin de fer ; et peu à peu un grand nombre d'ouvriers deviennent capitalistes.

L'autre preuve se trouve dans la conservation des habitudes de la vie religieuse, sous l'influence des chefs de l'usine. Sur les sept cent cinquante personnes qui travaillent à la papeterie de Vidalon, il n'y en a peut-être pas dix qui ne remplissent leurs devoirs religieux, et il n'y a pas d'exemple de naissance d'enfants naturels.

Voilà des faits qui témoignent plus que bien des commentaires en faveur de l'influence des classes dirigeantes sur ceux qui les entourent. De là une redoutable responsabilité pour ceux que leur situation, leur fortune ou leur savoir ont fait les guides de leurs concitoyens. Ce qu'ils font de bien ou de mal se traduit par le bien et le mal autour d'eux.

Remplacez la famille Montgolfier à Vidalon par une famille sceptique ; elle aura beau conserver les dehors de respect pour la religion ; elle aura beau appeler à l'école le curé de la paroisse ; l'irréligion et l'immoralité gagneront la population ouvrière ; les heureuses habitudes disparaîtront rapidement, et tous les beaux projets d'amélioration s'évanouiront.

Quand on étudie les documents où se trouvent consignés les efforts généreusement faits en vue des ouvriers, on trouve toujours que l'initiative est venue d'hommes profondément imbus du sentiment chrétien. C'est là le mobile qui fait concevoir le bien, et qui donne la force de l'accomplir malgré les difficultés et les déboires, malgré l'ingratitude même des ouvriers.

Le patron chrétien voit, avant tout, dans son industrie un devoir à remplir vis-à-vis de la société. La religion, en lui rappelant sans cesse que les hommes sont tous frères, lui donne le sentiment de la dignité de l'ouvrier. Elle tempère en lui l'âpreté au gain, tout en lui imposant l'obligation du travail et la modération dans l'usage de la fortune.

D'autre part, quelle que soit la bonne volonté du patron, il lui est impossible de réussir à améliorer la condition de l'ouvrier, si celui-ci n'apporte pas de son côté la tendance à l'épargne et la sobriété, qui résultent de l'empire sur les appétits matériels. Et qui donc, mieux que la religion, peut donner à l'homme cet empire sur lui-même?

Les ouvriers de Vidalon se recrutent ordinairement parmi les habitants des montagnes de l'Ardèche. Ces montagnards, habitués à une existence rude, sont dociles, et tant qu'ils ne sont pas gâtés par le contact des ouvriers des villes, ils sont généralement sobres, de bonnes mœurs, et disposés à l'épargne.

M. de Montgolfier estime que la première condition pour les préserver de ce qui pourrait altérer les bonnes habitudes provenant de leur éducation antérieure, c'est de leur fournir le logement; on est sûr par là d'éviter ou du moins de rendre plus rare le contact avec d'autres ouvriers dans les maisons louées au voisinage de la ville.

A Vidalon, les ouvriers sont logés gratuitement, à portée des usines où ils ont à travailler. Une ou deux pièces avec un petit jardin constituent l'habitation mise à leur disposition. Quand ils ont des enfants, cette organisation est insuffisante au point de vue de l'hygiène et aussi de la moralité. Il est vrai qu'à la campagne les paysans ne se logent pas autrement. Mais leur existence en plein air et en bon air, est bien différente de celle des ouvriers de fabrique, et si leur santé est à l'abri des inconvénients des habitations exiguës dont ils se contentent, ce n'est pas à dire qu'il faille les imiter dans ce qu'elles ont de défectueux sous le rapport de la moralité ; car elles ne permettent pas la séparation des sexes, quand il y a plusieurs enfants. S'il nous était permis de former un souhait analogue à celui d'un roi dont le peuple a gardé la mémoire, nous voudrions que toute famille d'ouvriers ou de paysans eût au moins trois chambres habitables (1).

Le second avantage qui résulte de l'habitation donnée aux ouvriers, dans une région isolée de la ville et appartenant aux propriétaires des usines, c'est que le cabaret, ce fléau de la population laborieuse, ne peut s'établir à sa portée. On sauve ainsi la dignité des ouvriers, non moins que leur bourse et leur santé.

Seulement, cet état d'isolement impose aux chefs d'industrie des devoirs spéciaux.

Il faut d'abord pourvoir au service religieux et à l'enseignement des enfants. A Vidalon, des subventions sont allouées aux maisons d'école de la commune et à la fabrique de la paroisse pour assurer d'une manière convenable la satisfaction des besoins intellectuels et moraux. Cette combinaison, qui a suffi jusqu'ici, ne laisse pas de présenter quelques inconvénients. Et M. de Montgolfier se préoccupe de l'établissement d'écoles spéciales pour l'usine et de la construction d'une chapelle pour ses ouvriers.

Il faut ensuite assurer le service médical. Une société de secours mutuels, alimentée au moyen d'une retenue sur les salaires, a été organisée dans ce but ; facultative à l'origine, la participation à la

---

(1) Nous devons dire que, sous ce rapport, la Compagnie des chemins de fer de Paris à Lyon et à la Méditerranée a parfaitement compris ses devoirs de patronat. Au lieu de se préoccuper seulement, comme on le fait trop souvent, de réaliser le type de construction le plus économique, sans souci des intérêts des familles qui doivent y être logées, les Directeurs de la Compagnie ont admis en principe que les maisons de gardes doivent comporter trois chambres, non compris un grenier qui peut être lui-même, au besoin, transformé en chambre à coucher. Récemment, les maisons d'un embranchement qui avaient été construites primitivement avec deux pièces seulement ont été agrandies aux frais de la Compagnie, sur la demande des ouvriers qui les habitent

société est devenue bientôt obligatoire. La retenue est de 1 franc pour les hommes, 75 centimes pour les femmes et 50 centimes pour les enfants (1).

L'administration de la société est réservée aux ouvriers et contre-maîtres, sous la direction du patron. Elle fonctionne à la satisfaction générale. La maison Montgolfier contribue aux dépenses par la dotation d'un fonds de secours égal aux deux tiers des cotisations des sociétaires.

Le règlement de la caisse admet, pour l'avenir, les pensions de retraite ; illusion dangereuse qui peut faire échouer les meilleures combinaisons. Il suffit pour le prouver de rappeler l'exemple du Creuzot (2).

L'éloignement de la ville ne permet pas aux femmes des ouvriers de s'y rendre facilement pour faire les petites provisions du ménage. La plupart d'ailleurs travaillent dans les usines. Par suite, on a été amené à créer un magasin d'approvisionnement, où les ouvriers se procurent le pain, la viande, les denrées d'épicerie et même le vin.

Tous les objets demandés au magasin d'approvisionnement sont payés comptant. Dans ces conditions, cette institution n'offre que des avantages et point d'inconvénients.

Souvent, en effet, on se figure que, pour rendre service aux

---

(1) La retenue fixée jusqu'à ce jour va être prochainement modifiée et rendue proportionnelle au salaire, ainsi que l'indemnité en cas de maladie.

(2) Les règlements des sociétés de secours mutuels, émanés du ministère de l'intérieur, recommandent avec raison de ne jamais assurer de retraites aux sociétaires. C'est là ce qu'a enseigné l'expérience depuis longtemps déjà.

Si l'on veut des faits nouveaux à l'appui de ces prescriptions, il est facile de les trouver dans le compte rendu des opérations du service médical de la Compagnie de Paris-Lyon-Méditerranée.

En 1869, le nombre des agents admis à participer aux avantages de ce service était de plus de 36,000. C'est là, on le voit, une vaste société de secours mutuels. La dépense a été de près de 700,000 francs, soit environ 18 francs par tête. On sait que la plupart des sociétés de secours mutuels demandent à leurs membres une cotisation de 1 fr. 50 par mois. Le produit des cotisations est donc absorbé en entier par les secours médicaux et les indemnités de demi-salaire : il ne reste rien pour former un fonds destiné à subvenir à des pensions de retraite.

ouvriers, il suffit de fournir les vêtements ou les denrées à prix réduit, à la condition de retenir le montant des fournitures sur les salaires à leur payer en fin de mois. On s'imagine que l'économie réalisée est tout bénéfice pour eux.

C'est une erreur : il est difficile aux ouvriers de résister à l'entraînement de l'achat à crédit. Il est si commode d'acheter du sucre, des étoffes, quand on n'a pas besoin de chercher dans sa poche de quoi payer; mais on oublie que le montant du salaire sera diminué d'autant à la fin du mois. Aussi est-ce toujours une douloureuse surprise pour ceux qui ne reçoivent plus cette paye en totalité. De là les reproches du mari contre la femme, et réciproquement, quand le ménage se trouve pris au dépourvu ; heureux encore si des reproches ils ne passent pas aux arguments plus violents!

De là aussi l'irritation contre les patrons, que l'on accuse de mettre l'ouvrier dans la misère, quand ils ont tout fait pour la lui épargner.

La discorde dans le ménage, l'hostilité contre le patron : tels sont les résultats d'institutions fondées sur un sentiment généreux, mais sur une connaissance imparfaite des besoins, du caractère et des habitudes des ouvriers.

Ces inconvénients ont fait supprimer un magasin d'approvisionnements qui fonctionnait au Creusot, et qui cependant permettait aux ouvriers de réaliser 15 à 20 0/0 d'économie sur leurs achats journaliers.

Ces mêmes inconvénients se font sentir dans une classe plus élevée, celle des employés de chemin de fer. Dans une pensée philanthropique, on met quelquefois à leur disposition des vêtements et des étoffes, dont le payement s'opère à l'aide d'une retenue sur les appointements, au grand détriment de l'esprit d'ordre et d'économie dans la famille. C'est ce qu'a fait, en particulier, la compagnie des chemins de fer du Midi, et elle a rendu, par là, de très-mauvais services à ses employés.

A Vidalon, au contraire, grâce à l'obligation imposée aux ouvriers de payer comptant les denrées achetées en magasin, ils se trouvent, à la fin du mois, en mesure de placer des économies, réalisées sans avoir éprouvé aucun mécompte.

M. de Montgolfier a pu même constater, avec une légitime satisfaction, que les ouvriers qui s'approvisionnent de vin au magasin, prennent l'habitude de le consommer aux repas, en famille, et si le dimanche ils vont dans quelque café, ils boivent avec une extrême modération, tandis qu'autrefois ils ne buvaient de vin que le dimanche, et beaucoup en abusaient (1).

A Vidalon, deux réfectoires séparés, pour les ouvriers célibataires de chaque sexe, forment une annexe du magasin d'approvisionnements. Les conditions les plus scrupuleuses de propreté y sont observées. Les ouvriers sont servis à la portion, et peuvent faire un repas complet pour 60 centimes (2).

MM. de Montgolfier ne se sont pas seulement préoccupés des besoins matériels. Ils ont voulu satisfaire, dans une certaine mesure, aux besoins intellectuels et même aux besoins de distraction, si impérieux surtout chez les jeunes gens. Afin de contrebalancer l'attrait des divertissements que leur offre la ville voisine, ils ont organisé une école du soir pour les garçons et pour les filles, une fanfare, une compagnie de pompiers, et un cercle où se trouvent des journaux et des livres. Ce sont autant de moyens ingénieux pour occuper utilement les jeunes gens pendant leurs moments de loisir.

Telles sont les institutions organisées à Vidalon en vue d'améliorer l'existence journalière de l'ouvrier; mais cet exposé ne serait pas complet, si nous ne disions ce qui se fait aussi pour améliorer les conditions du travail et de sa rémunération.

Les deux pivots du système de M. de Montgolfier sont le travail à la tâche, non pas individuel, mais par petits groupes, et les primes mensuelles d'économie, soit sur l'emploi de la matière, l'entretien des machines ou la main-d'œuvre de fabrication.

M. de Montgolfier n'a pas admis la participation proprement dite aux bénéfices de l'industrie, opération qui est en général impraticable

(1) Papeterie de Vidalon-lès-Annonay (Ardèche). — *Notice* sur l'établissement et son organisation, Vienne, en Dauphiné, 1872-1873.

(2) On avait commencé par admettre les ouvriers célibataires à prendre pension au réfectoire. Mais la pension payée à la fin du mois offre les mêmes inconvénients que les ventes à crédit; on y a renoncé.

cable, mais bien une participation aux bons effets du travail de chaque groupe isolé.

Les primes sont envisagées à Vidalon comme le moyen le plus vrai d'encourager le travail et de l'honorer. Créées en 1860, elles ont reçu, depuis 1867, des développements considérables.

En outre, depuis le 1er janvier 1868, tout ouvrier, y compris les femmes et les enfants, a droit à une prime d'ancienneté dont le chiffre augmente d'un dixième chaque année ; elle atteint son maximum au bout de dix ans. Cette prime varie de 6 à 20 francs, suivant les salaires des corps d'état, et arrive, par conséquent, jusqu'à 50 et 200 francs (1).

C'est la récompense de la stabilité, de la permanence des rapports entre l'ouvrier et le patron, premier principe de toute bonne organisation industrielle.

Nous regrettons seulement que ces sommes, relativement considérables, soient remises en argent aux familles d'ouvriers. Ne vaudrait-il pas mieux (sauf circonstances exceptionnelles), les verser à une caisse de retraite ; aider les ouvriers, au besoin les contraindre, à les placer d'une manière sûre, et ne pas les exposer à la tentation de dépenser leur prime pour les besoins ordinaires du ménage ?

Au 31 décembre 1872, 206 ouvriers avaient au moins 10 ans de service, et ont reçu le maximum du bon d'ancienneté. Le nombre de ceux ayant plus de 5 ans de service dépassait 300.

Les femmes et les jeunes filles sont admises à travailler dans l'usine ; mais des soins particuliers sont pris pour elles ; leurs ate-

---

(1) Ces avantages ne sont pas accordés aux ouvriers au détriment du salaire.

On trouve, dans le supplément à la *Notice* citée plus haut, une comparaison intéressante entre les salaires payés à Vidalon en 1860 et en 1872.

On y voit, par exemple, que l'ouvrier papetier de 1re classe gagnait 770 fr par an en 1860, et l'ouvrier de 2e classe 580. Leurs salaires se sont élevés, en 1872, respectivement à 864 et 720 francs, soit des augmentations de 12 p. °/ₒ pour l'un et de 33 p. °/ₒ pour l'autre.

Et en même temps, le premier a reçu 246 francs de primes mensuelles et de primes d'ancienneté, et le second 202 francs.

En tenant compte du logement gratuit, le salaire de l'ouvrier papetier de 1re classe peut être évalué à 1,275 francs en 1872, au lieu de 830 francs en 1860, et celui de l'ouvrier de 2e classe à 980 francs au lieu de 640.

liers sont complétement isolés de ceux des hommes : leur travail, qui consiste à visiter, classer et compter les feuilles de papier, leur permet d'être constamment assises. Elles peuvent quitter l'atelier une demi-heure avant l'arrêt du travail pour préparer le repas de la famille.

Les mères qui allaitent leurs enfants sont placées dans une pièce à part, et elles sont autorisées à apporter près d'elles le berceau de leurs nourrissons.

La femme en couches est l'objet d'une sollicitude particulière. Elle reçoit de la société de secours mutuels, pendant les vingt jours de repos qui précèdent ou suivent l'accouchement, une indemnité de maladie.

La durée du repos ne devrait-elle pas être plus longue, si le médecin le juge nécessaire, et surtout le salaire entier ne devrait-il pas être maintenu à la femme en couches? La vie d'une mère de famille est si précieuse, qu'on devrait ne reculer devant aucun sacrifice pour lui fournir les moyens de se soigner pendant une période aussi délicate. Il faut que rien ne l'invite à reprendre son travail prématurément (1). Est-il une situation plus déplorable que celle d'enfants privés de leur mère? Et combien de ménages en désordre, parce que la femme n'y est plus, qui réclament des secours, et qui auraient pu s'en passer, si des imprudences ou des excès de travail n'avaient pas amené une perte irréparable?

La femme doit être tenue à plus haut prix que nulle part dans un ménage d'ouvriers; M. de Montgolfier, comme tous ceux qui ont vécu au milieu de la population ouvrière, n'hésite pas à le reconnaître. Sobre, rangée, économe, la femme est la tête du ménage. Elle a, dans les rangs du peuple, naturellement plus de distinction,

(1) En Bavière, aucune femme ne peut retourner au travail moins de six semaines après l'accouchement.

En Alsace, M. Dolfus paye pendant six semaines le salaire des femmes en couches, et il est arrivé ainsi à diminuer de 13 pour 100 la mortalité des enfants.

Un vieux médecin d'un district manufacturier en Angleterre s'exprime ainsi : « Je regarde le retour de la mère à la manufacture après l'accouchement comme un arrêt de mort pour l'enfant. »

*Journal des Économistes*, décembre 1874, p. 466.

plus de délicatesse que son mari. Les observations de M. Le Play sur plusieurs familles, décrites dans son ouvrage *des Ouvriers européens,* témoignent en faveur de la supériorité habituelle de la femme sur l'homme, et lui attribuent la plus large part dans la prospérité de ces familles. Un patron intelligent ne saurait donc veiller avec trop de soin à tout ce qui peut sauvegarder la santé des femmes des ouvriers, aussi bien que leur moralité.

En résumé, l'usine de Vidalon présente un excellent spécimen d'une organisation ouvrière. Elle nous rappelle les meilleures traditions. La stabilité des ouvriers est encouragée par les primes d'ancienneté. Ils participent aux résultats du travail par les primes mensuelles d'économie; enfin, le logement gratuit, les magasins d'approvisionnements, la société de secours mutuels, constituent un ensemble de subventions plus morales et plus efficaces qu'une augmentation de salaire. Les résultats obtenus sont des plus encourageants, et on pourrait souhaiter que partout en France on fût arrivé à un état aussi satisfaisant dans la société industrielle.

## II. — LA FABRIQUE DE CHAUX HYDRAULIQUE DU TEIL.

Descendons encore le cours du Rhône, et arrêtons-nous sur la rive droite, vis-à-vis Montélimar. Au pied de collines escarpées, couvertes de chênes verts, à quatre kilomètres de la petite ville du Teil, existe depuis longtemps une propriété connue sous le nom de Lafarge.

Il y a quarante ans environ, M. Pavin de Lafarge, observant la nature des couches calcaires des montagnes voisines, reconnut qu'elles réunissaient les conditions exigées pour la fabrication de la chaux hydraulique. L'exploitation en fut commencée, et bientôt on constata que, grâce à leur nature siliceuse, les calcaires du Teil fournissaient une des meilleures chaux connues.

Elle jouit même d'une immunité particulière que bien peu de chaux partagent avec elle : elle résiste à l'action destructive que l'eau de mer exerce souvent sur les mortiers.

Grâce à cet avantage, grâce à la facilité des transports par eau, et, plus tard, par chemin de fer ; grâce surtout à une fabrication irréprochable, la chaux du Teil a acquis une réputation européenne.

Tout le midi de la France, tout le bassin de la Méditerranée, l'Italie, l'Espagne, l'Algérie, l'Égypte l'emploient dans leurs travaux. La construction des chemins de fer, le percement de l'isthme de Suez, l'établissement des jetées de Marseille, de Livourne et d'Alger, en blocs artificiels de béton, ont constitué pour cette industrie d'immenses débouchés.

Les fils de M. Pavin de Lafarge continuent aujourd'hui la fabrication commencée par leur père ; ils y ajoutent des perfectionnements nouveaux et maintiennent la réputation de cette industrie éminemment nationale, dont la naissance et les développements sont dus aux travaux de Vicat. Mais ce n'est pas à ce point de vue seulement que nous avons à nous occuper des usines du Teil. A nos yeux, M. de Lafarge n'aurait rempli que la moitié de sa tâche, s'il s'était moins préoccupé du sort de ses ouvriers que de la bonne qualité de ses produits.

Au Teil, l'isolement est plus complet encore qu'à Vidalon : les usines sont à 4 kilomètres de la petite ville du Teil, et à 8 kilomètres de Montélimar, circonstance heureuse, parce que les ouvriers se trouvent loin des cabarets; mais condition qui impose, comme nous l'avons déjà dit, des obligations spéciales au patron. Le nombre d'ouvriers employés à l'usine est d'environ 500; quelques-uns viennent des villages voisins, assez rapprochés pour qu'ils puissent y retourner chaque jour. Mais la contrée montueuse est peu peuplée, et il a fallu se préoccuper de loger un certain nombre de ménages, de nourrir les ouvriers, qui, habitant des villages éloignés, y retournent seulement le samedi soir, et reviennent le lundi matin.

Dans l'état actuel, quarante ménages seulement sont logés. Leur habitation se compose de deux chambres au rez-de-chaussée ; au-dessous est une cave en sous-sol; au-dessus, un grenier plafonné sous les tuiles ; on peut, au besoin, en faire deux chambres : disposition très-convenable, même pour des familles nombreuses. Au milieu des rochers du Teil, le terrain est rare, et la moitié seulement des logements ont un petit jardin. D'ailleurs, il faut convenir que l'atmosphère constamment poudreuse qui dépose une couche de chaux sur les plantes est peu encourageante pour les amateurs de jardinage.

On se propose de porter à soixante-dix le nombre des logements, en profitant des constructions nouvelles que va nécessiter l'agrandissement de l'usine. Ces maisons sont louées de 9 à 12 francs par mois. Ce prix paraît bien élevé à la campagne, et devrait être réduit à 7 ou 8 francs, tant qu'on n'admettra pas la gratuité absolue du logement, comme on le fait à Annonay.

Il a fallu aussi organiser des dortoirs et réfectoires pour les célibataires. Cette installation est des mieux entendues. Les dortoirs, suffisamment aérés, quoique un peu bas, peuvent recevoir de cent vingt à cent cinquante lits, au prix de 1 fr. 50 par mois.

Une cantine très-propre fournit, comme à Annonay, des portions tarifées à tous les ouvriers qui sont obligés de coucher dans l'usine. Ceux qui arrivent du dehors, le matin, doivent apporter ce qui leur est nécessaire pour le repas du milieu du jour. M. de Lafarge, qui connaît trop bien la faiblesse humaine, n'a pas voulu que les pères de famille, laissant leur femme et leurs enfants à la maison, fussent exposés à la tentation de faire de bons repas à la cantine, sans souci du reste de la famille.

L'existence de cette population de célibataires ou d'hommes séparés de leur famille, loin des villages voisins, ne laisse pas que d'être dure. L'été, la promenade le long du Rhône ou la pêche occupent les loisirs du soir. Mais les soirées d'hiver sont longues.

M. de Lafarge, préoccupé de cette situation, songe à organiser un cercle d'ouvriers, une école du soir et des jeux.

Déjà, une école a été établie pour les enfants des ménages logés dans l'usine. Comme ils sont peu nombreux, l'école est faite par des sœurs, qui sont chargées, en outre, de tenir l'hôpital ou infirmerie annexée à l'usine.

Cet hôpital, fondé depuis longtemps par M. de Lafarge, était nécessaire pour des ouvriers exposés aux accidents fréquents causés par les explosions des mines. L'hôpital est aujourd'hui une dépendance de la caisse de secours, organisée, en 1867, par les soins de l'usine. La retenue est de 1 1/2 p. 0/0 des salaires, et MM. de Lafarge versent une somme égale au 1/5e des retenues.

La caisse donne les secours médicaux aux ouvriers et à leur famille, leur alloue une indemnité pendant les journées d'incapacité de travail, et promet des pensions viagères et des retraites : promesses qu'elle sera sans doute dans l'impossibilité de tenir, à moins que la maison Lafarge n'en prenne la réalisation à sa charge, à l'instar de la compagnie du Creusot.

Dans l'état actuel, la caisse a 5,000 francs d'excédant disponible. Cela paraît très-beau ; mais il ne faut pas oublier qu'elle est de date bien récente encore : les sociétaires n'ont pas eu le temps de vieillir et de se transformer en pensionnaires.

Un magasin d'approvisionnements d'épicerie et un vestiaire sont, en outre, tenus à la disposition des ouvriers, pour leur fournir à bon marché les objets indispensables. La vente est faite à crédit et le prix est recouvré par une retenue sur le salaire. Le montant de la retenue est indiqué sur un livret, qui reste entre les mains de l'ouvrier. Cette mesure paraît n'avoir pas encore produit de bien graves inconvénients, sans doute parce que les opérations se font sur une échelle modeste, mais on ne peut se flatter qu'il en sera toujours de même.

Pour terminer la revue des institutions en faveur de ce petit groupe d'ouvriers, je mentionnerai encore la caisse d'épargne gérée par les soins de M. de Lafarge. Elle donne 4 1/2 p. 0/0 de l'argent déposé. Le montant des sommes appartenant aux ouvriers de l'usine était, il y a deux ans, d'environ 30,000 francs.

M. de Lafarge exprime, sous une forme piquante, l'influence moralisatrice de l'épargne. Suivant lui, l'ouvrier nouvellement admis à l'usine, s'il ne fait pas d'économies, regarde le patron de travers; il ne le salue même pas. Lorsque l'exemple, l'influence de l'atmosphère saine au milieu de laquelle il vit, l'a décidé à porter à la caisse d'épargne une première pièce de cinq francs (ce qu'il fait presque à la dérobée), il salue le patron, son visage s'éclaircit. Puis, s'il est arrivé à se faire un petit capital d'une centaine de francs, il devient l'ami du patron : la transformation morale est accomplie.

Une chapelle et un aumônier, spécialement attaché à l'établissement, témoignent que les besoins religieux ne sont pas oubliés au Teil, et les ouvriers répondent habituellement par une conduite régulière aux soins dont ils sont l'objet sous ce rapport.

Ils ont même donné récemment à leurs patrons, à l'occasion du Jubilé, la satisfaction de les voir assister en grand nombre aux exercices religieux, et ils ont entraîné, par leur exemple, les ouvriers occupés à la construction du chemin de fer dans le voisinage. Et on sait que cette catégorie d'ouvriers, nomades par essence, est rarement accessible à l'influence morale et religieuse (1).

En résumant les sacrifices faits par la maison de Lafarge, on trouvera sans doute qu'ils ne s'élèvent pas à un chiffre bien considérable, et cependant nous ne craignons point de présenter le Teil comme un type de ces usines où l'harmonie règne entre les ouvriers et les patrons. D'où cela vient-il? C'est que MM. de Lafarge apportent à l'œuvre autre chose que des sacrifices pécuniaires; ils y apportent un vif intérêt pour leurs collaborateurs, une véritable affection pour les ouvriers qui les entourent.

Dans les grandes sociétés industrielles le patron disparaît; il faut que les institutions soient organisées de manière à pourvoir à tous les besoins : tâche immense. Dans les usines comme celle de MM. de Lafarge, l'action immédiate du patron se retrouve à chaque instant avec une puissance que n'obtiennent jamais les règlements les mieux étudiés, appuyés de sacrifices même considérables.

La conséquence de cette intervention directe d'un patron dévoué, c'est l'absence de grève, c'est le désir des ouvriers de venir travailler chez lui, de préférence aux fabriques voisines : c'est, enfin, la constitution de familles qui se perpétuent autour de l'établissement; qui, par leurs économies, se procurent une existence indépendante et arrivent à la propriété.

N'est-ce pas le véritable but de l'industrie, que de faire vivre

---

(1) Un des reproches que l'histoire ne manquera pas d'adresser aux hommes qui ont présidé à l'exécution des grands travaux de chemins de fer dans notre pays, sera de n'avoir eu aucun souci des besoins moraux et intellectuels des ouvriers appelés à concourir à ces travaux.

C'est un spectacle affligeant que celui de ces grands chantiers où une population nombreuse semble réduite au rôle de machines. Il en faudrait donner une description spéciale pour faire comprendre les souffrances imposées aux familles d'ouvriers par l'indifférence religieuse des classes dirigeantes au dix-neuvième siècle.

convenablement les familles d'ouvriers dont elle réclame le concours, et de développer leur culture morale et intellectuelle? Nous venons de voir comment ce but peut être atteint.

Aussi, quand on rencontre des patrons comme M. de Montgolfier et MM. de Lafarge, qui veulent le bien, et qui l'affirment par leurs actes non moins énergiquement que dans leur conversation, on regarde l'avenir avec plus de confiance. Quelque sombres que soient les impressions causées par la crise actuelle, on se ranime au contact de ces hommes de cœur, et on ne veut plus croire que l'amélioration de la population ouvrière soit une illusion, et l'harmonie sociale un vain mot.



---

Paris-Imp. PAUL DUPONT, 41, rue Jean-Jacques Rousseau. 600 2 76.

www.ingramcontent.com/pod-product-compliance
Lightning Source LLC
LaVergne TN
LVHW050513160826
845677LV00003B/1099

* 9 7 8 2 3 2 9 6 2 1 8 8 3 *